Eine Welt aus Büchern

Kirsten Boie, 1950 in Hamburg geboren, ist eine der renommiertesten deutschen Kinder- und Jugendbuchautorinnen. Für ihr Gesamtwerk wurde sie mit dem Sonderpreis des Deutschen Jugendliteraturpreises geehrt. Kirsten Boie hat viele beliebte Kinderbuchfiguren für alle Altersgruppen erschaffen, darunter »Der kleine Ritter Trenk«, »Seeräubermoses«, »King-Kong«, »Die Kinder aus dem Möwenweg« und »Thabo«. Darüber hinaus engagiert sich die promovierte Literaturwissenschaftlerin mit großem Einsatz auf dem Gebiet der Leseförderung. Nicht nur »Paule ist ein Glücksgriff« – so der Titel ihres Debütromans –, sondern auch »Kirsten Boie ist ein Glücksfall für die deutsche Kinderbuch-Literatur« (NDR).

Kirsten Boie

DAS
LESEN
UND ICH

Verlag Friedrich Oetinger · Hamburg

© Verlag Friedrich Oetinger GmbH,
Max-Brauer-Allee 34, 22765 Hamburg
Alle Rechte vorbehalten
© Kirsten Boie (Text)
© Einbandgestaltung: Andrea Pieper
© Fotos: Kirsten Boie, privat
© Regine Stolzke (S. 65),
Auszug aus »Venezianisches Credo«
von Rudolf Hagelstange
Druck und Bindung: GGP Media GmbH,
Karl-Marx-Straße 24,
07381 Pößneck, Deutschland
Printed 2019
ISBN 978-3-7891-1515-8

www.oetinger.de
www.kirsten-boie.de
www.moewenweg-stiftung.de

Inhalt

Vorwort

»Ich wünsche mir, dass wir ein Land der Leser werden«, sagt Kirsten Boie in ihrer Dankesrede zur Auszeichnung »Der Förderin des Buches« in Berlin.

Voraussetzung für diesen Wunsch ist natürlich das Vermögen überhaupt lesen zu können. Wer wie Kirsten Boie schon in frühester Kindheit zu einer begeisterten Leserin wurde, kann nachvollziehen, was Nichtlesern entgeht, die nicht in die spannenden Abenteuer, fantastischen Welten und berührenden Erlebnisse eines Buches, geschrieben in einer wunderbaren Sprache, abtauchen können.

Als Autorin scheint sie sich beim Schreiben immer daran zu erinnern, denn sie besitzt eine besonders ausgeprägte Fähigkeit, sich in andere

Menschen und deren Gefühlswelt hineinzuversetzen. Ihre Geschichten spielen im Alltag der Kinder und handeln von den großen und kleinen Problemen, die ihnen begegnen. Dieser besondere Blick auf die Realität zieht sich durch all ihre Bücher: Scheidung, Patchwork-Familien, Fremdenfeindlichkeit, Flucht und Asyl, Aidswaisen in Afrika, Menschen mit Handicap, Gewalt in der Schule oder der Umgang mit digitalen Medien. So zeigt sie immer wieder, dass auch die vermeintlich schweren Themen für Kinder erzählt werden können, macht Fremdes vertraut und Vertrautes zum großen Abenteuer.

Kirsten Boie ist eine der beliebtesten Kinderbuchautorinnen im deutschsprachigen Raum, die zu Recht in die Nähe ihres großen Vorbilds Astrid Lindgren gerückt wird. Denn wie Astrid Lindgren schafft auch sie es, mit ihrer genauen Beobachtungsgabe, einer gesunden Portion Humor und verblüffendem Sprachwitz die Herzen der Kinder zu bewegen, ihre Sorgen und Nöte ernst zu nehmen und ihnen Mut zu machen. Doch sie ist nicht nur als Autorin ein Glücksfall, sondern auch als schreibender Mensch, der sich politisch einmischt und sich seit vielen Jahren engagiert, ob für Aidswaisen in Swasiland oder für die Leseförderung vor unserer Haustür. So hat sie im Sommer 2018 zusammen mit vielen prominenten Erstunterzeichnern die »Hamburger Erklärung« ins Leben gerufen, um auf die fehlende Lesekompetenz viel zu vieler Kinder aufmerksam zu machen.

Unermüdlich weist Kirsten Boie darauf hin, dass Lesen eben nicht nur bedeutet, den Zugang zu einer fantastischen Welt aus Geschichten zu bekommen. Lesen, genauer: Lesen können – ist für sie ein wichtiger Teil der Lebenswirklichkeit von Kindern und Jugendlichen und die Grundlage für eine selbstbestimmte Zukunft.

Kirsten Boie ist ein Glücksfall für alldiejenigen, die ihre Bücher mit Begeisterung lesen, sie ist aber auch ein ganz besonderer Glücksfall für unser Haus. Es ist eine wahre Freude, mit einer so vielseitigen Persönlichkeit über Jahrzehnte hinweg zusammenzuarbeiten und sie auf ihrem Weg begleiten zu dürfen.

Silke Weitendorf

Es war einmal
ein Mädchen

Es war einmal ein kleines Mädchen, und das war
gar nicht so lange nach dem Krieg, den damals
alle immer nur »der Krieg« nannten, als hätte
es nicht auch tausend andere Kriege gegeben
auf der Welt. Diesen Krieg aber hatte ihr eigenes Land angefangen, und am Schluss hatte der
Krieg auch in ihrem eigenen Land getobt und
es in Trümmern zurückgelassen, und darum
wussten alle Menschen, wovon die Rede war, sie
wurden ja überall jeden Tag daran erinnert.

Im Winter hatte das kleine Mädchen genau wie seine Freundinnen Frostbeulen an den
Füßen, weil es zu kalt war und die Schuhe zu

dünn; am Ende jeden Monats gab es mittags Milch, die auf der Fensterbank in der Sonne sauer geworden war, mit Schwarzbrotbrocken darin; und weil Zucker darübergestreut werden durfte, liebte das Mädchen dieses Essen. Süßigkeiten gab es sonst nämlich nicht.

Ein neues Kleid bekam es nur zu Pfingsten, sonst trug es auf, was die vielen älteren Cousinen abgelegt hatten, und auch das fand es ganz selbstverständlich.

War das kleine Mädchen also arm? Wenn man es damals gefragt hätte, hätte es bestimmt erstaunt den Kopf geschüttelt; aber niemand hat es gefragt, und von alleine darüber nachgedacht hat es natürlich nicht. Es fand (wie bis heute alle Kinder auf der Welt), dass sein Leben haargenau so war, wie ein Kinderleben offenbar sein musste. Es kannte ja nichts anderes, und da, wo es lebte, ging es den anderen Kindern schließlich genau wie ihm.

Auch dass es nicht viele Spielsachen besaß, fand es nicht weiter verwunderlich. Spielsachen gab es zu Weihnachten und zum Geburtstag, vielleicht eine Puppe und ein Brettspiel, und einmal sogar Rollschuhe mit Metallrädern, die konnte man sich mit einem Riemen unter seine Schuhe schnallen; und weil sie so furchtbar schlecht rollten, hatte das kleine Mädchen meistens aufgeschlagene Knie. Und auch das war normal und bei den anderen Kindern in seiner Straße genauso und also kein Grund zu jammern.

Denn eigentlich ging es ihm ja richtig gut, und das lag an den vielen Geschichten in seinem Leben. Sie waren es, die den Alltag des kleinen Mädchens zum Leuchten brachten. Die Geschichten, die seine Mutter ihm erzählte, wenn sie in der weißen Emailleschüssel der ausziehbaren Küchentischlade das Geschirr spülte und das kleine Mädchen danebenstand und abtrocknen musste: Da durfte es sich jeden Tag aussuchen, wovon die Geschichte handeln sollte, und dann legte die Mutter los. Einmal wollte das kleine Mädchen eine Geschichte, die sollte »Der weiße Elefant« heißen, weil das so wunderschön und geheimnisvoll klang, und diesen Titel hat das Mädchen auch als erwachsene Frau nicht vergessen. Woher um Himmels willen wusste das Kind denn von Elefanten, wenn es doch keinen Fernseher gab und keine Bilderbücher und ein Zoobesuch zu teuer war? Und warum musste der Elefant weiß sein, und wie konnte damals ein kleines Mädchen überhaupt auf so eine Idee kommen?

Manchmal lasen seine Mama und sein Papa ihm auch vor. Kinderbücher gab es in dieser Familie damals noch nicht, dafür hätte das Geld auch nicht gereicht. Aber ein dickes altes Wilhelm-Busch-Album aus der Kindheit der Mutter mit vielen Bildern und witzigen Versen, und bald kannte das kleine Mädchen viele davon auswendig. Und einmal, da lag es vier Wochen lang mit Scharlach und hohem Fieber im Bett, lieh der Vater sich von einem Arbeitskollegen das verrückteste Buch von allen, daraus las er abends vor, bis Tochter und Mutter sich vor Lachen schüttelten, und das hieß »Pippi Langstrumpf«.

Doch, bestimmt waren es diese Dinge, die Geschichten und die Verse, die spannenden Abenteuer, verrückten Erlebnisse und die wunderbare Sprache der Bücher, die Glanz in das Leben des kleinen Mädchens brachten und die – ist das nicht merkwürdig? – dafür sorgten, dass dieser Glanz ein Leben lang anhalten würde.

Das kleine Mädchen, das wissen Sie natürlich längst, war ich.

2

Zeit für Pathos

Heute denke ich manchmal darüber nach, dass sich bei meiner Geburt niemand hätte ausmalen können, wie mein Leben einmal verlaufen würde. Dass ich studieren würde. Bücher schreiben. Dass ich mich hinaus in die Welt trauen und dass ich mich einmischen würde. Es sah zu Anfang nicht danach aus.

Meine Eltern hatten beide keine höhere Schulbildung, auch wenn sie sich das für ihre Kinder wünschten, und wenn wir uns heute die vielen Untersuchungen ansehen, die besagen: »Der Erfolg eines Menschen in der Schule wie im späteren Leben hängt in diesem Land maßgeblich von der Bildung der Eltern ab!«, dann hätten meine

Chancen eigentlich minimal sein müssen. Es waren die Geschichten und das Lesen, die in meinem Leben die Weichen gestellt haben. Und sicher ist das der Grund – ein Grund zumindest! –, warum ich will, dass Kinder auch heute in Zeiten von Computerspielen und Social Media diese Chance bekommen; gerade Kinder, wie ich eins war. Auch wenn es für sie heute, dazu kommen wir noch, unendlich viel schwieriger ist.

Denn Lesen, davon bin ich überzeugt, ist nicht altmodisch. Bücher sind nicht altmodisch, im Gegenteil. Wenn wir weiterhin so tun, verweigern wir vielen Kindern, vor allem solchen aus benachteiligten Familien, eine Zukunft, auf die sie ebenso einen Anspruch hätten wie Kinder aus Elternhäusern, in denen alle Türen für sie aufgestoßen werden. Und indem wir ihnen diese Zukunft verweigern, verweigern wir uns allen eine glücklichere, klügere, gerechtere Gesellschaft und eine bessere Welt. Das klingt nach ein bisschen sehr viel Pathos? Manchmal, da bin ich mir sicher, ist Pathos haargenau richtig.

Frau Riehl und
ihre Fotos

Ich war fünf Jahre alt, als ich mir das Lesen bei-
gebracht habe. Meine Eltern konnten es nicht
fassen, als ihre Tochter auf einer Fahrt mit
der S-Bahn durch die Trümmerlandschaft der
Hamburger Innenstadt an der Haltestelle Stern-
schanze in den Ruinen auf einer Hauswand vollkommen überraschend einen Werbetext entzif-
ferte: »Persil und sonst gar nichts!« vielleicht,
oder »Darauf einen Dujardin«. Und bis heute erinnere ich mich noch sehr gut an meine Eupho-
rie, als ich plötzlich begriff, dass ich von nun an
niemanden mehr brauchte, um Geschichten zu
hören. Nun konnte ich sie selbst lesen.

Und auch die anderen 41 Mädchen, die mit mir ein Jahr später bei Frau Riehl in der ersten Klasse saßen (damals waren fast alle Schulen in Hamburg reine Mädchen- oder Jungsschulen), wollten das unbedingt können. Es gab ja keine Computerspiele, kein Fernsehen, nicht

mal Hör-CDs, und im Rundfunk nur einmal in der Woche sonntags eine Stunde Kinderfunk; und wer etwas anderes erleben wollte als das eigene bescheidene Nachkriegs-Kinderleben, der musste Bücher lesen.

Darum war die Sehnsucht nach dem Lesen damals bei Kindern so viel größer, als sie es heute überhaupt sein könnte, und bei Frau Riehl hatten es spätestens bis zur vierten Klasse wirklich alle gelernt, obwohl die Bedingungen nicht einfach waren.

In der ersten Klasse schrieben wir mit dem Griffel auf unsere Schiefertafeln, und zum Lesen gab es nur die Fibel: »I. IMI. – O. OMA.«

Aber Frau Riehl war ja einfallsreich, und jeden Tag brachte sie uns Fotos mit, die sie zu Hause aus ihrer Zeitung ausgeschnitten hatte; von denen bekam jedes Kind eins und durfte auf seine Tafel schreiben, was es darauf sah. Bis heute kann ich mich an die Schlange vor dem Lehrerpult erinnern, wenn wir alle Frau Riehl aufgeregt zeigen wollten, was wir rausgekriegt hatten.

»A«, hatte vielleicht ein Kind auf seine Tafel geschrieben, weil auf seinem Foto nämlich Männer im Anzug zu sehen waren, und Frau Riehl sagte: »Wie schön!«, und gab ihm ein neues Foto. Das nächste Kind hatte sogar »DA HUNT BEIS DI FAU« geschrieben, und da sagte Frau Riehl: »Meine Güte, so viele Wörter!«, und schrieb den Satz noch mal daneben, Hund mit D und Frau mit R und den Satz mit überhaupt allem, was fehlte, damit er noch schöner werden konnte. Und wenn es das dann abgeschrieben hatte, bekam auch dieses Kind ein weiteres Bild.

Ja, so lernten wir schreiben und lesen.

Und damit war für meine Klassenkameradinnen und mich der erste Schritt getan, unseren Weg in der Welt zu machen, ganz egal welche Schule wir danach besuchten: Wir konnten lesen, was in den Schulbüchern stand, in Heimatkunde und Rechnen (die schwierigen Textaufgaben!) und Religion und Geschichte und Physik. Und wenn dann die Schule geschafft war, mit fünfzehn, sechzehn oder neunzehn, konnten wir alle anfangen, einen Beruf zu lernen oder zu studieren, Geld zu verdienen und ein selbstständiges Leben aufzubauen; und auf der Fahrt zur Arbeit in der Straßenbahn wie die meisten anderen Menschen auch die Zeitung zu lesen. Darüber konnte man sich dann später in den Arbeitspausen mit den Kollegen unterhalten.

Was wäre passiert, wenn Frau Riehl es nicht geschafft hätte, uns allen das Lesen beizubringen? Dann hätten wir kaum einen Beruf lernen können (wenn überhaupt!), und Steuern hätten wir darum auch kaum gezahlt, das wäre schlecht für das Land gewesen; und jetzt, so viele Jahre später, hätten wir nur die winzigste, winzigste Rente. Und weil wir auch niemals Zeitung gelesen hätten, hätten wir natürlich auch nicht so richtig viel von Politik gewusst. Da hätten wir eben immer auf diejenigen gehört, die am lautesten schreien und am meisten versprechen, und was hätte das wohl für die noch junge, fragile Demokratie bedeutet?

Aber zum Glück hat Frau Riehl es ja geschafft.

Eigentlich sollten wir gar nicht lesen können

Heute dagegen schaffen viele Lehrer es nicht mehr, und das ist nicht ihre Schuld. Denn ein Kinderleben sieht heute ganz anders aus als meins und das meiner Freundinnen und Freunde, und darüber können wir natürlich erst mal froh sein. Aber manches wird für die Kinder dadurch auch schwieriger.

Wenn sie in die Schule kommen, hat eine große Zahl von ihnen schon viele Tausend Stunden ferngesehen und fast so viele Stunden gezockt, und dabei haben sie oft die Erfahrung gemacht: Wenn etwas langweilig wird, dann zappt man weg und sucht sich etwas anderes.

Aber Lesen lernen macht zu Anfang nicht viel Spaß, Lesen lernen ist anstrengend. Verrückterweise sogar anstrengender als Mathematik. Und der Grund dafür ist einfach: Wir sollten es eigentlich gar nicht können.

Als die Evolution nach vielen Millionen Jahren endlich den *Homo sapiens sapiens* hervorgebracht hatte, den Menschen, der genetisch schon damals so war, wie er heute immer noch ist, war an Lesen noch nicht zu denken. Darum brauchte das Gehirn dafür natürlich auch keine Ausstattung. Es reichte, wenn es so konstruiert war, dass jedes Kind laufen lernen konnte und dass jedes Kind sprechen lernen konnte und natürlich später auch jagen, das mussten die ersten Menschen schließlich, wenn sie essen wollten. Für das Spurenlesen war das Gehirn darum bestens ausgestattet. Aber für das Lesen: Fehlanzeige.

Erst vor ungefähr fünftausend Jahren, als es Menschen wie uns schon seit beinahe 200 000 Jahren gab, entwickelten sie in Mesopotamien und Ägypten fast gleichzeitig die ersten unterschiedlichen Schriften und erfanden das Lesen.

Sie erfanden damit etwas, das die Natur ihnen nicht mitgegeben hatte. Sie machten sich selbst schlauer, als die Evolution das für sie vorgesehen hatte. Und sie veränderten damit die Zukunft der Menschheit (und der Erde) radikal.

Denn ohne das Lesen wären all unsere späteren Erfindungen nicht denkbar gewesen, ohne das Lesen könnten wir uns auch heute unsere Informationen immer noch nur mündlich weitergeben. Wer vor der Erfindung der Schrift etwas wissen wollte, was anderswo passiert war, musste selbst hinreisen oder einen reitenden Boten schicken. Menschen konnten nur erfahren, was andere Menschen ihnen erzählten, mündlich, von Mensch zu Mensch. Eine andere Möglichkeit gab es jahrtausendelang nicht.

Aber dann kamen das Schreiben und das Lesen. Auf einmal konnten Nachrichten von einem Ort zum anderen geschickt und sogar für kommende Generationen aufgezeichnet werden. Was einmal erfunden war, wurde nun weitergegeben. Nichts musste mehr vergessen werden. Und das veränderte alles.

5

Das Nadelöhr

Das Problem blieb aber weiterhin das menschliche Gehirn. Weil es darin bis heute keinen Bereich gibt, der speziell für das Lesen gedacht ist, müssen wir anderes umfunktionieren und trickreich verknüpfen, den Bereich für das Spurenlesen zum Beispiel. Bei jedem Menschen läuft das ein bisschen anders ab, jedes Gehirn findet für sich eine eigene, individuelle Lösung. Und genau darum ist das Lesenlernen so ungeheuer schwierig! Wir packen nicht nur neues Wissen in unser Gehirn wie neue Kleidung in einen Schrank; wir lernen nicht nur etwas auswendig: Wir basteln uns beim Lesenlernen selbst ein neues Gehirn. Ist es nicht erstaunlich, dass die meisten von uns das so gut hinkriegen?

Aber leider längst nicht alle. Wenn bei uns in Deutschland eins von fünf Kindern nach der vierten Klasse nicht lesen kann, wie Untersuchungen es seit Jahren belegen, dann wird sein Leben danach ganz anders weitergehen als meins und das meiner 41 Klassenkameradinnen. Das Kind wird schon von der fünften Klasse an vermutlich in fast allen Fächern scheitern. Weil es ja verstehen müsste, was auf der Tafel oder dem Whiteboard steht, auf Ausdrucken oder in Schulbüchern, bei der Recherche im Internet. Es wird kaum einen Beruf erlernen können, schon weil es dazu die Berufsschule besuchen müsste. Es wird keine Zeitung lesen und auch nicht die Nachrichten-App auf dem Handy, und das ist sicher nicht so schön für unsere Demokratie. Es wird leben müssen wie die Menschen vor der Erfindung der Schrift, aber in einer Welt von heute. Ein einfaches Leben kann das kaum sein.

Manchmal versuchen Gesprächspartner, mich davon zu überzeugen, dass ich das Lesen zu wichtig nehme. Es gibt doch nun wirklich Entscheidenderes in der modernen Welt! Mit digitalen Medien umgehen zu können, zum Beispiel! Sehe ich denn gar nicht, dass das immer grundlegender wird? Natürlich sehe ich das! Aber haben diese Kritiker darüber nachgedacht, welche Grenzen es auch bei der Nutzung digitaler Medien für Menschen gibt, die nicht lesen können? Das Lesen ist auch heute immer noch die Grundlage für alles andere, für den Führerschein wie für die Berufsausbildung, sogar für WhatsApp auf dem Handy. Lesen ist das Nadelöhr hinein in die Gesellschaft, das Nadelöhr, durch das jedes Kind es schaffen muss, wenn es ein Erwachsener des dritten Jahrtausends werden soll. Und darum muss unsere Gesellschaft die Fähigkeit, lesen zu können, sehr, sehr viel höher bewerten, als sie es bisher tut, und sie muss die nötigen Mittel dafür zur Verfügung stellen. Bildung kostet viel Geld. Aber jeder Cent, den wir heute investieren, spart uns später einen Euro.

Und wir müssen uns beeilen: In jedem Jahr

verlieren wir Zigtausende Kinder für die Zukunft. Wir dürfen die Schulen nicht länger alleinlassen mit dieser Aufgabe, wir müssen sehr viel früher anfangen, bei den Eltern, in der Kita. Sie alle können dazu beitragen, dass den Kindern dann in der Schule das Lesenlernen leichterfällt. Sie können vorlesen und bei Kindern die Freude an Geschichten wecken – und damit den Wunsch, sie selbst lesen zu können; auch wenn er sicher niemals so stark werden wird wie bei den Kindern früher in den Zeiten ohne Fernsehen und digitale Medien. Eltern, Kitas, auch Büchereien können dazu beitragen, dass schon kleine Kinder lernen, sich zu konzentrieren und Frustrationen auszuhalten, ohne wegzuzappen. Fähigkeiten, sagen Grundschullehrer, die vielen Kindern heute fehlen, wenn sie in die Schule kommen. Oft eben genau denjenigen Kindern, die dann später auch nicht lesen lernen. Die funktionale Analphabeten bleiben, ein Leben lang.

Die Weichen werden früh gestellt.

6

Harry Potter gegen den Analphabetismus

»Na gut!«, sagen Sie jetzt vielleicht. »Überzeugt, zumindest ein bisschen. Lesen können müssen sie. Aber deshalb müssen Kinder ja nun nicht unbedingt Bücher lesen!«

Denn dass sie auch das tun sollen, das wünsche ich mir, und warum, erkläre ich lieber noch.

Sie sollen es zum Beispiel, um mit jedem Buch schneller und sicherer lesen zu können und darum nie mehr zurückzufallen in den Zustand des funktionalen Analphabetismus, wie das bei vielen heutigen erwachsenen Nichtlesern tatsächlich passiert ist: »In der Schule konnte ich ja noch lesen«, sagen sie, »so irgendwie; aber dann ist es mir im Laufe der Jahre eben wieder verloren gegangen.«

Aber wer als Kind auch nur einen einzigen dicken Band »Harry Potter« geschafft hat oder fünf kurze Bände einer Serie, selbst wenn wir Erwachsenen beim Blick auf die Geschichten vielleicht mit den Augen rollen, weil sie uns viel zu trivial erscheinen: Der wird das Lesen danach nie mehr verlernen.

Wäre das allein nicht vielleicht schon ein Grund, warum Kinder Bücher lesen sollten?

Und natürlich:
Die Rechtschreibung

Vor vielen, vielen Jahren war ich Lehrerin. Manchmal, am Elternsprechtag zum Beispiel, klagten mir damals Eltern ihr Leid. »Wenn er nur mehr lesen würde!«, sagten sie (ja, auch damals schon!). »Dann wäre seine Rechtschreibung doch bestimmt besser!«

Damit hatten sie natürlich recht, und das gilt auch heute noch: Wer liest, wer Hunderte von Wörtern immer wieder und wieder sieht, dem prägt sich ihre Schreibweise, dem prägen sich sogar Regeln ein. Und auch eine bessere Rechtschreibung bedeutet für ein Kind bessere Chancen im Leben. Ein Bewerbungsschreiben voller

Fehler überzeugt keinen Arbeitgeber so sehr wie eins ohne, das gilt auf allen Ebenen der betrieblichen Hierarchien. Und auf die Autokorrektur unseres Schreibprogramms, das wissen wir ja, ist kein Verlass.

Ein Hoch auf
die Fantasie

Auch bei Umfragen auf der Straße nennen die Befragten häufig die Rechtschreibung als Argument dafür, dass Kinder Bücher lesen sollen. Ein weiteres kommt häufig hinzu: »Lesen fördert die Fantasie«, sagen sie, aber da könnte man sich ja nun mit Fug und Recht fragen: Haben Kinder davon denn nicht sowieso genug? Man muss ihnen doch nur beim Spielen zusehen! »Du bist wohl die Mutter?«, sagen schon die ganz Kleinen, wenn sie Mutter-Vater-Kind spielen, oder: »Du bist wohl der Böse? Ich bin wohl die Polizei?« Auch Hunde können sie problemlos sein, Löwen oder Prinzessinnen – ihrer

Fantasie sind keine Grenzen gesetzt. Wozu also noch Bücher?

»... alles, was geschieht«, hat Astrid Lindgren gesagt, »muss zunächst einmal in der Fantasie eines Menschen Gestalt annehmen, wie sonst sollte es entstehen?«

Das ist natürlich immer noch richtig. Wie viel Fantasie muss einmal dazugehört haben, sich vorzustellen, dass Menschen fliegen können! Ohne die verrückte Fantasie, dass wir durch die Luft gleiten könnten wie die Vögel, wäre niemals das Flugzeug erfunden worden. Nur wenn Menschen die Fantasie haben, dass etwas möglich werden kann, werden sie es auch erreichen. Sonst nicht.

Und darum wird Fantasie heute immer wichtiger: für den Einzelnen, für jede Gesellschaft, für die Menschheit. Wir leben in einer Zeit, in der unsere technologischen, biotechnischen und medizinischen Möglichkeiten unsere Vorstellungskraft um ein Vielfaches überfordern – und trotzdem müssen überall immerzu Entscheidungen getroffen werden, die unsere Zukunft massiv bestimmen.

Soll ich vom Klimaschutz sprechen? Politiker mit mehr Fantasie hätten an vielen Stellen die Weichen sicher längst umgelegt, dabei gehört doch gar nicht ganz so viel dazu, sich eine Zukunft nach dem Klimakollaps vorzustellen.

Und was bedeutet die ständige Weiterentwicklung der künstlichen Intelligenz? Wie wird auch sie unser Leben, das Alltagsleben von jedem von uns!, verändern?

Welche der ständig zunehmenden Optionen in der medizinischen Behandlung sollten genutzt, welche untersagt werden, welche Entwicklungen finanziert?

Fragen über Fragen, die abstrakt wirken und deren Beantwortung doch sehr konkrete Auswirkungen auf unser Leben haben wird.

Für ethische Entscheidungen ist Fantasie sowieso unabdingbar. Wir müssen in der Lage sein, uns den Zustand nach einer Entscheidung vorzustellen, ganz konkret: Wie wird mein Leben | dieses Land | die Erde aussehen, wenn die Entscheidung auf diese Weise getroffen wird? Und wie, wenn wir genau das Gegenteil tun?

Fantasie ist eine kostbare und manchmal überlebensnotwendige Fähigkeit, die uns gestattet, uns die Zukunft auszumalen, für unser privates Leben ebenso wie für die Gesellschaft und die Erde insgesamt. Deshalb hat die Natur sie uns mitgegeben.

Wenn das Lesen von Büchern sie fördert, sollte auch das ein weiteres Argument dafür sein.

Bücher machen schlauer

Aber das sind für mich bei Weitem noch längst nicht alle Gründe, weshalb ich Kinder auch heute für Bücher begeistern möchte. Da gibt es noch sehr viel mehr, und ich hoffe, Sie haben noch ein wenig Geduld.

Zum Beispiel scheint erwiesen, dass Lesen schlauer macht: Lesen zum Vergnügen steigert die Intelligenz von Kindern. Doch, das ist eine Tatsache! Und eigentlich auch gar nicht so überraschend.

Beim Lesen von Büchern sammeln wir nicht nur neues Wissen, wir bilden auch ständig neue Synapsen in unserem Gehirn und verknüpfen sie auf neue Weise. Wir vernetzen also unser Gehirn immer besser, sodass es immer leichter in der Lage ist, Zusammenhänge (auch außerhalb von Texten) zu verstehen und bei der Beschäftigung mit der Fragestellung aus einem Bereich, oft ganz unbewusst, auch auf das Wissen aus anderen Bereichen zuzugreifen.

Lehrer berichten von Kindern, die ganz plötzlich in allen Fächern interessierter waren, sogar ihre Leistungen steigern konnten, nachdem sie auf eine Serie gestoßen waren, deren Bände sie einen nach dem anderen und immer schneller verschlungen hätten.

Wenn so etwas passieren kann, ist es dann nicht ganz egal, ob der Inhalt dieser Geschichten vielleicht nur wenig mit der Realität zu tun hat und darum das Wissen über die Welt gar nicht unbedingt befördert? Oder ob sie unseren literarischen Maßstäben kein bisschen genügen?

Es geht hier nicht um Inhalt oder literarische Qualität. Es geht um die wachsende Fähig-

keit eines Kindes, Zusammenhänge zu verstehen, in Büchern wie im Leben.

10

Die ersten Bücher
meiner Kindheit

Für mich war Lesen wie Magie.

Bücher kauften meine Eltern natürlich nicht in einer Buchhandlung. Vielleicht wussten sie damals nicht mal, wo es in ihrer Nähe eine Buchhandlung gab? Aber der Tabakhändler nur einen Eingang weiter im selben Häuserblock verkaufte zum Glück auch Kinderbücher, für 95 Pfennige die dünnen oder für eine Mark 95 die dickeren. Comics verkaufte er auch, »Fix und Foxi«, die gab es aber nur, wenn ich krank im Bett lag. Sonst nicht.

Aus diesem Tabakladen stammten also meine ersten eigenen Kinderbücher. Sie handelten von

Bummi aus dem Sauerland und von Sonja, die eine Schildkröte besaß, und einen Literaturpreis hätten sie niemals bekommen. Aber sie machten mich endgültig süchtig nach Lesen, weil sie von einem Leben erzählten, das so viel aufregender und schöner war als mein eigenes und in das ich mich lesend hineinträumen konnte. Und heute bin ich überzeugt, dass Bummi und Sonja und die durch sie ausgelöste Lesebegeisterung in der Grundschulzeit schuld daran sind, dass ich dann mit neun Jahren tatsächlich die Prüfung zum Gymnasium bestand – gemeinsam mit nur noch drei weiteren Mädchen aus Frau Riehls Klasse, deren Eltern hatten natürlich studiert. Und damit begann der Weg in ein Leben, den ich ohne Bummi und Sonja vielleicht nie hätte gehen können.

Genau darum wünsche ich auch heute möglichst vielen Kindern diese Leseleidenschaft. Vor allem, aber das habe ich ja schon gesagt, Kindern wie mir, deren Eltern ihnen in der Schule nicht helfen und die auch keine Nachhilfe bezahlen können. Wer weiß denn, was sie dadurch noch alles erreichen könnten? Und was das möglicherweise für die Gesellschaft insgesamt bedeuten würde.

Viel Freude sollen dir die lustigen Geschichten der „Pippi Langstrumpf" bringen.

Weihnachten 1956
von Deinen Eltern.

11

Filme, Games, Bücher und Psychotherapie

Vielleicht zweifeln Sie immer noch? Vielleicht sagen Sie: »Alles schön und gut, so war das vielleicht damals, das mag ja sein; aber heute gibt es doch ganz andere Möglichkeiten! Was ist denn zum Beispiel mit Filmen? Was ist mit hochkomplexen Games für Handy oder Computer? Zählen die gar nicht?«

Natürlich gibt es großartige Filme, und es ärgert mich enorm, dass mein Plädoyer für das Lesen häufig als Plädoyer gegen den Film aufgefasst wird. Im Leben nicht! Dafür liebe ich Filme (und inzwischen auch manche Serien) viel zu sehr.

Und dass auch das Zocken schlauer machen

kann, würde ich niemals bestreiten. Manche Strategie-Spiele, in die ich mich unter der Anleitung begeisterter Zwölfjähriger vergeblich versucht habe einzufuchsen, erfordern ebenso viel Konzentration und Kombinationsfähigkeit wie Schach.

(Ich vermute allerdings, dass Kinder, die nicht lesen können, diese Spiele eher seltener spielen.)

Auch wenn also sowohl Filme wie Computerspiele gern einen Platz im Kinderalltag haben sollen: Bücher können sie nicht ersetzen. Denn es gibt etwas, das nach wie vor nur Bücher leisten können, zumindest auf diese intensive Weise.

Was passiert denn eigentlich, wenn ich lese? Ich sehe auf ein weißes Blatt (oder ein Display) voller kleiner schwarzer Zeichen, mehr nicht. Wieso werde ich dann trotzdem aufgeregt, klopft mein Herz, muss ich lachen, kommen mir die Tränen, höre ich nicht, wenn ich zum Essen gerufen werde? Das ist doch verrückt!

Der Grund liegt auf der Hand. Damit aus diesen kleinen schwarzen Zeichen in meinem Kopf Vorstellungen entstehen können, innere Bilder, Gefühle; damit ich beim Lesen den Eindruck haben kann, ich wäre mittendrin, wäre vielleicht sogar der Held der Geschichte, muss ich immerzu auf meine eigenen Erinnerungen und Gefühle zurückgreifen, sonst blieben die Zeichen nichts als Zeichen und die Wörter nichts als Wörter. Nur was mein eigenes Gehirn beisteuert, meine eigenen Erinnerungen und Gefühle, macht aus den Wörtern im Text innere Bilder, und nur indem ich sie auf den Text projiziere, erlebe ich beim Lesen eine Geschichte. Meine ganz eigene, die ich so mit niemandem teile.

Sie haben Zweifel? Wollen wir wetten, dass bei dem Wort »Berg« bei einem Menschen, der den Mount Everest bezwungen hat, im Kopf etwas anderes aufscheint als bei einem anderen, der nur den Rodelberg im nahe gelegenen Park kennt? Und erst die Wörter »Vater« oder »Mutter«! Ob ich da bei der Lektüre ein warmes Gefühl spüre, etwas Freundliches, Tröstliches, Hilfreiches erwarte; oder ob mein erstes Gefühl Angst oder Abwehr ist: Das hängt von meiner eigenen Kindheitserfahrung ab. Und darum wird es bei jedem Leser anders sein.

Wenn ich lese, wird der Text eines fremden Autors in meinem Kopf zu meinem eigenen und anders als der irgendeines anderen Menschen. Weil mein Leben und meine Erinnerungen andere sind als seine. Wenn ich lese, springt mein Gehirn in Mikrosekunden zwischen fremdem Text und eigenem Erinnerungs- und Gefühlsspeicher hin und her (liebe Neurobiologen, ich weiß, das ist viel zu simpel!), und darum setze ich mich beim Lesen eines *fremden* Textes, das ist ein Paradox, immer auch *mit mir selbst* auseinander.

Auch darum liebt der eine Leser dieses Buch und der andere jenes, begeistert uns mit vierzehn, was uns mit zwanzig langweilt, und langweilt uns mit dreißig, was wir mit sechzig großartig finden. Seine Leser, schreibt Marcel Proust, seien darum nicht *seine* Leser, »sondern die Leser ihrer selbst, da mein Buch nur etwas wie ein Vergrößerungsglas wäre ..., durch das ich ihnen ermöglichen würde, in sich selbst zu lesen«.

Jede Lektüre erlaubt uns unbewusst die Auseinandersetzung mit uns selbst. Jede Lektüre ist damit automatisch eine kleine Psychotherapie.

Ist das nicht großartig? Warum sollten wir darauf verzichten?

Die Köpfe der anderen

»Aber!«, sagen Sie jetzt. »Wenn ich einen Film gucke, passiert das dann nicht auch?«

Natürlich tut es das. Mit Anfang zwanzig habe ich Tränen vergossen, als ich im Kino Fassbinders »Effi Briest« gesehen habe, und auf dem Heimweg ist mir in der S-Bahn plötzlich klar geworden: Das war gar nicht die unglückliche Effi, um die ich geweint habe. Geweint habe ich um mich. Schlimmer Liebeskummer gerade, na klar.

Auch Filme können also diesen Zugriff auf unser eigenes Inneres auslösen, wer das leugnen wollte, wäre naiv. Und trotzdem gibt es einen großen Unterschied.

Filme zeigen uns, wie das reale Leben ja auch,

Menschen immer nur von außen. Was diese Menschen denken und was sie fühlen, kann ich nur erschließen: aus ihrer Mimik zum Beispiel, aus ihrem Tonfall und aus ihrer Körperhaltung. Diese Fähigkeit ist uns Menschen zum Glück angeboren, sonst könnten wir nicht die sozialen Wesen sein, die wir meistens sind. Wir kennen unsere eigenen Gefühle, wir kennen unsere eigenen Gedanken, und daher können wir immer auch vermuten, wie es in einem anderen Menschen in dieser oder jener Situation wohl aussieht; und diese Fähigkeit wächst mit den Erfahrungen im Laufe unseres Lebens.

Wenn ich aber lese, gehe ich über meine eigenen Erfahrungen hinaus. Plötzlich erfahre ich auch von all den vielen Charakteren der Bücher, was sie in dieser oder jener Situation fühlen, wie sie damit umgehen, auch was sie denken, es wird mir erzählt. Psychologische Romane handeln von kaum etwas anderem, sie sezieren das Innere ihrer Figuren und nehmen es wichtiger als die Außenwelt. Aber selbst in Enid Blytons

»Fünf Freunde«-Büchern haben Dick und Ann und George und Julian Angst, spüren Neugierde, Begeisterung, Wut, treffen auf der Grundlage dieser Gefühle ihre Entscheidungen. Und als Leserin bin ich immer dabei. Als Leserin bin ich ständig in den Köpfen anderer Menschen unterwegs, mein Wissen darüber (vielleicht auch mein Verständnis), wie Menschen in verschiedensten Situationen denken und fühlen, wächst mit jedem Buch. Und das sollte nicht meine Fähigkeit steigern, andere Menschen auch im Leben zu verstehen? Das, was man generell »Empathie« nennt?

Das ist übrigens nicht nur die Fähigkeit, Mitgefühl zu empfinden, worauf sie häufig reduziert wird – Empathie ist sehr viel mehr. Sie gibt uns ganz generell die Möglichkeit, die Perspektive des anderen einzunehmen, die Welt (und auch mich selbst) aus seiner Sicht zu sehen. Empathie hilft mir darum auch im Gespräch mit meinem Vorgesetzten, wenn ich über eine Gehaltserhöhung verhandele, oder mit meinem

Nachbarn, wenn wir uns über die Hecke am Zaun streiten. Empathie hilft den Schülern, die als Streitschlichter eingesetzt werden, weil sie sich dadurch besser in beide Kontrahenten hineinversetzen können. Empathie hilft uns allen zu verstehen, wie es wohl in einem Flüchtling in unserer vollkommen fremden Gesellschaft aussehen muss, überhaupt in Menschen aus Kulturen, die sich von unserer massiv unterscheiden. Empathie ist etwas, das für den Einzelnen das Leben reicher macht, und für die Gesellschaft manchmal wichtiger als viele andere Fähigkeiten ihrer Bürger.

Aber natürlich kann man empathisch sein, auch ohne zu lesen, schließlich sind die Menschen jahrtausendelang ohne Bücher ausgekommen, und in vielen Kulturen tun sie das noch heute. Wer wollte behaupten, diese Menschen könnten nicht empathisch sein?

Ich behaupte nicht einmal, dass Leser zwangsläufig mehr Empathie besitzen als Nichtleser. Wovon ich aber überzeugt bin, das ist: *Ein Mensch, der liest, wird dadurch empathischer, als er es ohne Bücher wäre.* Und das heißt auch: Eine lesende Gesellschaft hat empathischere Bürger. Und das sollte nicht wichtig sein?

Sind Leser bessere Menschen?

Behaupte ich also, Leser wären die besseren Menschen? Was für ein Unfug!

In der Geschichte hat es immer wieder leidenschaftliche Leser gegeben – vor allem in der Zeit vor den audiovisuellen und digitalen Medien –, die inhuman und grausam waren. (An dieser Stelle wird dann immer gerne Adolf Hitler genannt, der begeistert Karl May las. Viel anderes aber offenbar nicht.) Die Fähigkeit, sich in andere Menschen hineinzuversetzen, kann ja auch missbraucht werden: um zu manipulieren, zum Beispiel.

Per se macht Lesen also sicher nicht zu einem

besseren Menschen, es muss noch nicht einmal sein, dass ein Leser unbedingt empathischer ist als sein nicht lesender Nachbar. Empathie ist schließlich in unseren Genen angelegt. Aber wenn das Lesen den Leser empathischer macht, als er das ohne Lesen wäre, ist das ja schon mal etwas.

Was er dann allerdings mit seiner Empathie anfängt, hängt vielleicht auch ein bisschen davon ab, welche Bücher er liest. Und da kommen wir nun doch zu den Inhalten.

Zwei Ärztinnen
am Buffet

Es war vor ein paar Jahren bei einer Feier, als ich am Buffet mit zwei Ärztinnen ins Gespräch kam. Wir hatten nämlich alle drei, das stellte sich dann heraus, in unserer Kindheit dasselbe Buch über Albert Schweitzer gelesen. »Darum wollte ich doch überhaupt Ärztin werden!«, sagte die erste. »Menschen retten!«

Die andere hat genickt, und wir haben ein bisschen gelacht über unser früheres Ich. Ach, wie naiv wir damals waren!

Aber gab es überhaupt einen Grund zu lachen? Was uns Bücher in unserer Kindheit und Jugend erzählen, kann ja entscheidend sein für unsere Haltung der Welt gegenüber, ein Leben lang.

Mit elf Jahren las ich Clara Asscher-Pinkhofs »Sternkinder«, ein immer noch erschütterndes Buch über jüdische Kinder in den Niederlanden, geschrieben von einer Autorin, die selbst von den Nationalsozialisten deportiert worden war. Zum ersten Mal (denn das Thema war in Deutschland in den Fünfzigerjahren hartnäckig beschwiegen worden) erfuhr ich von der Shoa, und über viele Jahre hin blieb sie ein zentrales Thema in meinem jugendlichen Leben. Wie hatten meine Lehrer, meine Eltern, überhaupt alle Erwachsenen um mich herum in dieser noch gar nicht lange vergangenen Zeit leben, vielleicht sogar mitmachen können? Wieso hatten sie nichts gegen die Nazis unternommen, nicht wenigstens Juden versteckt und damit gerettet? Sie alle, alle, alle nicht?

Ich hätte mich ganz anders verhalten als sie, da war ich mir sicher. Ich hätte Menschen vor den Nazis verborgen, und welche Gefahr das für mich selbst bedeutet hätte, wäre mir ganz egal gewesen. Ich wäre die Retterin der Verfolgten gewesen, wie die Helden meiner Bücher.

Heute weiß ich natürlich, wie unrealistisch und größenwahnsinnig diese Erwartungen an mich selbst waren: Wie sie das zum Glück bis heute bei vielen Jugendlichen immer noch sind. Erst unsere Erfahrungen schleifen ja im Laufe des Lebens immer mehr ab, was wir in unserer Jugend von uns verlangt haben.

Nur wenig später stieß ich dann in seiner Gedichtsammlung »Venezianisches Credo« auf ein Sonett des heute vergessenen Rudolf Hagelstange, das mich tief beeindruckte.

Haben
Wir nicht den Schwur getan als Knaben
Dass groß und rein das Leben werden muss?
Und gingen hin und haben ihn vergessen
Und haben das vertan, was wir besessen
Als hätten wir davon im Überfluss.

So ist es!, dachte ich erschrocken. *So kommt es, dass Erwachsene werden, wie sie sind! Verräter an ihren eigenen Idealen!* Und ich schwor, dass mir das nicht passieren sollte, ich würde sonst nicht mehr in den Spiegel sehen können. Auch als erwachsene Frau würde ich meine Überzeugungen nicht verraten. Ich doch nicht! Niemals!

Wenn ich heute über die Begriffe »groß und rein« und meine naiv-pubertäre Überzeugung eigener Stärke lächeln muss, kann das doch trotzdem nicht so ganz den Verdacht zerstreuen, dass Hagelstanges Verse damals eine Herausforderung benannt haben, mit der wir alle als Erwachsene in der Auseinandersetzung mit den Überzeugungen unserer Jugend umzugehen haben. Noch heute kenne ich die Verse auswendig.

Sprache kann viel bewegen. (Und auch das wäre ein spannendes Thema.)

15

Weine, du
geliebtes Land

Mit fünfzehn bekam ich zu Weihnachten ein Buch des südafrikanischen Bischofs Trevor Huddleston geschenkt: »Weine, du geliebtes Land«. (Dass »Cry, the Beloved Country« eigentlich der Titel eines Romans des schwarzen südafrikanischen Autors Alan Paton war, wusste ich damals noch nicht.)

Bücher waren in unserer Familie unabdingbare Weihnachtsgeschenke, und wenn an meinem Platz unter dem Tannenbaum in meiner Jugend nicht ein ordentlicher Stapel lag, war der Heiligabend für mich verdorben.

Da aber für diese Menge an Büchern das Geld

fehlte, ganz sicher auch das Wissen meiner Eltern, was denn nun wohl für ein Mädchen meines Alters passend wäre, und da sie nach wie vor keine Buchhandlungen besuchten (unsere Bücher kamen regelmäßig vom Bertelsmann-Lesering), stammten meine Weihnachtsbücher aus einem Antiquariat, auf das mein Vater irgendwann durch Zufall gestoßen sein muss. Dessen Besitzer – dafür bin ich ihm bis heute dankbar! – wählte die Bücher für mich oft so aus, dass sie mir vollkommen neue Horizonte eröffneten. (Wir decken jetzt eilig den Mantel des Vergessens über den schwedischen Liebesroman, den ich mit zwölf Jahren bekam und ganz schnell wieder zuschlug, weil er mir als Kind der Fünfzigerjahre in seiner Offenheit – *Ferkeligkeit!*, fand ich – so unendlich peinlich war, dass ich mich bis heute daran erinnere. Zwei Jahre später, vermute ich, wäre das wahrscheinlich anders gewesen.)

Dieser Antiquar also hatte meinem Vater auch »Weine, du geliebtes Land« mitgegeben, und bis

ASTRID LINDGREN · Pippi Langstrumpf geht an Bord

LINDGREN | MEHR AUS BULLERBÜ

ASTRID LINDGREN · KERSTIN UND ICH

LINDGREN | Lillebror und Karlsson vom Dach

ASTRID LINDGREN Sammelaugust

heute kann ich spüren, welche Erschütterung das Buch bei mir damals ausgelöst hat.

Dass es so etwas gab! Ein Land – Südafrika –, in dem Menschen nur wegen ihrer Hautfarbe nicht zusammenleben durften, arm oder reich waren, in dem – das fand ich am Empörendsten! – schwarze Mütter ihre Kinder den ganzen Tag in der Township allein lassen mussten, um in wohlhabenden weißen Wohnvierteln weiße Kinder zu betreuen! (Man merkt: Es war die Zeit, in der die meisten Mütter in Deutschland nur zu Hause und nicht berufstätig waren.)

Aber noch etwas sehr viel Grundsätzlicheres wurde mir bei der Lektüre bewusst: Es gab offenbar Länder, in denen die Lebensumstände einer Gruppe von Bewohnern sich massiv unterschieden von denen anderer Gruppen. Das war mir, man mag es kaum glauben, in Bezug auf Deutschland bis dahin noch keineswegs klar gewesen.

Noch mit fünfzehn glaubte ich, dass mein Leben in einer Zwei-und-zwei-halbe-Zimmer-

Wohnung in einem sogenannten Arbeiterstadt-
teil Hamburgs so wäre wie das Leben der meisten Bürger im Land. Klar gab es sicher auch ein
paar Millionäre, ich hatte schließlich Kästner
gelesen. Aber die Lebensumstände des Groß-
teils der Bevölkerung stellte ich mir ziemlich
homogen vor; ungefähr so wie bei uns eben.

Ich war noch nie an der Hamburger Elbchaus-
see oder der Außenalster gewesen, wo ich Villen,
so groß wie unser Mietshaus, in parkähnlichen
Gärten hätte sehen können, nicht einmal in den
vielen Hamburger Vororten mit ihren Einfamili-
enhäusern – was hätte ich da auch gesollt? Meine
Freundinnen und Klassenkameradinnen lebten
ja tatsächlich zum großen Teil ähnlich wie ich.

Erst durch Huddleston wurde mir überhaupt
bewusst, wie groß die Schere in einer Gesellschaft sein kann – und das fand ich vielleicht gerade deshalb so empörend, weil ich zu diesem
Zeitpunkt noch überzeugt war, bei uns wäre es
kein bisschen so.

Und ganz sicher hatte dieses Buch großen Anteil daran, dass ich wach wurde nicht nur für die Wirklichkeit anderer Länder, sondern darüber hinaus immer mehr für die Wahrnehmung: Auch bei uns geht es nicht allen Menschen gut.

Es kamen Bücher wie Hans-Georg Noacks »Hautfarbe Nebensache«, das mich wütend machte auf jede Form von Diskriminierung, später dann Bertolt Brecht, der an westdeutschen Theatern damals nicht aufgeführt werden durfte. Seine Stücke verschlang ich in einem warmen Sommer in den Ferien auf unserem Balkon eins nach dem anderen, die Beine auf die Brüstung gelegt, ein Glas Limonade neben mir, und war erschrocken, dass sie tatsächlich behaupteten, unsere Gesellschaft wäre ähnlich ungerecht wie Huddlestons Südafrika.

Es sind die Inhalte dieser Bücher – und vieler anderer! –, die mich geprägt haben, da bin ich mir ganz sicher. Natürlich korrigiert später das Leben viele naive Annahmen der Kindheit und der Jugend, aber solange sie da sind, bil-

den sie die Folie, vor der wir die Welt wahrneh-
men. Ohne die Bücher unserer Kindheit und Jugend wäre nicht nur ich, wären nicht nur die
beiden Ärztinnen am Buffet, wären wir alle andere Menschen.

16

Mit Bullerbü
zum Abitur

Natürlich lesen Kinder nicht, weil sie schlauer werden wollen oder um ihre Rechtschreibung zu verbessern, und erst recht nicht, weil es ihnen um Empathie geht. Kinder lesen, um Spaß zu haben, Abenteuer zu erleben, sich bei der Identifikation mit der Heldin schön und begehrenswert, mutig und stark zu fühlen. Und manchmal auch, um sich zu trösten.

All das andere passiert nebenbei, unbemerkt, sogar ungewollt, und das ist das Großartige daran: dass es eben trotzdem passiert.

In der Nacht vor meinem mündlichen Abitur konnte ich vor Angst nicht schlafen. Da griff ich nach meinen alten, zerfledderten »Bullerbü«-Bänden und las sie zum hundertsten Mal, von der ersten bis zur letzten Seite; und danach ging es mir besser.

Dabei hatte ich zu diesem Zeitpunkt seit Jahren Romane der Weltliteratur verschlungen, Faulkner und Steinbeck und Camus und Grass. Aber in Zeiten von Angst, Traurigkeit oder Verzweiflung hilft uns manchmal der Rückgriff auf die Kindheit, Regression, und heute bekomme nun ich ab und zu Post von Lesern und Leserinnen, die mir berichten, dass sie in schwierigen Situationen die Lieblingsbücher ihrer Kinderzeit hervorholen. Wenn sie diese Bücher lesen, schreiben sie, fühlt es sich wieder an wie damals, als das Leben noch einfach war.

Bücher können trösten, Kinder wie Erwachsene; und welches Buch das für wen dann jeweils schafft, das ist ganz egal. Solange es dem Leser hinterher nur besser geht.

Mehr von uns Kindern aus Bullerbü

ASTRID LINDGREN

Ein Land der
lesenden Kinder

Habe ich nun ausreichend erklärt, warum ich mir ein Land der lesenden Kinder wünsche?

Ich bin überzeugt: Man muss im Winter keine Frostbeulen an den Füßen haben, in einer beengten Wohnung wohnen oder ständig mit aufgeschlagenen Knien herumlaufen, um lesesüchtig zu werden. Darauf vertraue ich nicht zuletzt wegen der vielen Briefe und Mails, die ich fast täglich von Kindern bekomme, manchmal sogar verbunden mit dem Wunsch, ein Lieblingsbuch »bitte, bitte!« nicht verfilmen zu lassen, weil »ein Film alles kaputt machen« würde.

Natürlich war es in einer Nachkriegskindheit

leichter, zur Leserin zu werden oder zum Leser, einfach weil es damals nichts anderes gab. Aber ich bin nicht bereit zu glauben, dass Bücher nur so lange bestehen können, wie sie das einzige Medium sind, das für Kinder verfügbar ist. Wie trostlos wäre das! Wäre das nicht das dürftigste Argument überhaupt für ihre Existenz: Es gibt eben leider nichts anderes?

Ich bin überzeugt, dass Kinder auch heute noch von Büchern begeistert sein können, nicht *gegen* den Spaß an Filmen, an Games, an You-Tube, Instagram und Snapchat, sondern gleich-berechtigt *daneben*.

Warum ich das glaube – und warum ich es mir wünsche –, habe ich hier zu erklären ver-sucht. Danke, dass Sie bis zum Schluss bei mir geblieben sind.

Kirsten Boie wurde am 19. Juni 2019 auf den Buch-
tagen Berlin bei der Hauptversammlung des Bör-
senvereins des Deutschen Buchhandels mit der Pla-
kette »Der Förderin des Buches« geehrt. Die Autorin
bedankte sich mit folgenden Worten:

Lieber Herr Riethmüller, liebe Anwesende alle,

Sie können sich vorstellen, dass ich mich über
diese Auszeichnung enorm freue. Und geehrt
fühle ich mich auch.

Im vergangenen Jahr habe ich tatsächlich einen
sehr viel größeren Teil meiner Zeit mit dem
Thema Lesen als mit dem Schreiben von Büchern verbracht. Dabei hatte ich ursprünglich,
vollkommen naiv, geglaubt, wenn die Petition
mit den Unterschriften der Erstunterzeichner
erst einmal veröffentlicht wäre, könnte ich in
meinen Alltag zurückkehren. Stattdessen ging
es danach erst so richtig los – und dafür bin
ich dankbar. Denn durch die unendlich vielen

Mails, Gespräche, die Lektüre von Konzepten zu der Frage: »Wie schaffen wir es, dass wirklich jedes Kind in Deutschland lesen kann?« habe ich so viel über das Thema gelernt, dass ich die Hamburger Erklärung heute ganz sicher noch sehr viel präziser formulieren könnte.

Die Petition fordert, dass in Deutschland kein Kind die Grundschule verlassen darf, ohne sinnentnehmend lesen zu können, und »sinnentnehmend« heißt nicht, wie manche Politiker zu meiner Überraschung vermuten, dass sie in der Lage sein sollten, einen Text zu interpretieren, sondern viel grundlegender: dass sie nicht nur die Buchstaben erkennen und zusammenziehen können, sondern auch verstehen, was sie da lesen.

Lektüre von Texten ist wichtig für Meinungsbildungsprozesse

Daran scheitern nach den Zahlen der IGLU-Studie von 2016 18,9 % unserer Kinder, also fast ein Fünftel, und was das für die Zukunft bedeutet, ist klar. Sie werden im weiteren Verlauf ihrer schulischen Karriere in praktisch allen Fächern nicht zurechtkommen, kaum einen qualifizierten Beruf erlernen und daher auch nicht in die sozialen Systeme einzahlen können, sondern im Gegenteil Unterstützung aus ihnen entnehmen müssen. Und auch die Folgen für unsere Demokratie könnten gravierend sein: Qualifizierte Meinungsbildungsprozesse verlaufen auch heute weitgehend über die Lektüre von Texten (in welchem Medium auch immer), und wem der Zugang verschlossen ist, der wird auch auf komplexe Fragen eher zu den einfachsten Antworten greifen; und die sind meistens weder richtig noch schön. Außerdem sind Menschen, die seit ihrer Kindheit permanent Misserfolgserfahrungen gemacht haben und sich als Erwachsene an den Rand der Gesellschaft gedrängt fühlen – und das ja tatsächlich sind! – auch stärker in Gefahr, auf populistische Theorien, Fremdenfeindlichkeit und demokratiefeindliche Parteien hereinzufallen.

Natürlich geht es mir auch um die Konsequenzen für die Betroffenen selbst: darum, wie schwierig ein Leben ohne Lesen im dritten Jahrtausend notwendig aussehen muss. Aber darüber haben wir alle ja schon seit der ersten PISA-Studie 2000 gesprochen, die für die Fünfzehnjährigen ein vergleichbar trauriges Ergebnis wie jetzt IGLU für die Zehnjährigen erbracht hatte – und offenbar mit viel zu schmalem Ergebnis. Daher müssen wir den Blick jetzt endlich auch auf die gesellschaftlichen Folgen lenken, und wenn wir etwas erreichen wollen, das wissen Sie alle, vor allem auf die wirtschaftlichen Aspekte.

»Aber es passiert doch schon eine Menge!«, sagen Sie jetzt vielleicht. »Seit PISA ist schließlich eine überwältigende Zahl von (zum größten Teil außerschulischen) Lesefördermaßnahmen entstanden!« – Nur: Warum sind die Zahlen dann trotzdem immer noch so dramatisch?

Wir alle – und gerade mich nehme ich da überhaupt nicht aus! – haben in den vergangenen Jahren viel zu stark das Lesen von Büchern und die Lesemotivation im Fokus gehabt, und dafür gab es ja auch sehr gute Gründe: für Sie als Verleger und Buchhändler wie für mich als Autorin sowieso, aber auch im Zusammenhang mit der Frage, wie Lesekompetenz stabilisiert werden kann. »Wer auch nur einen einzigen Band Harry Potter oder alle drei Bullerbüs gelesen hat«, habe ich wieder und wieder in verschiedensten Leseförder-Zusammenhängen gesagt, »wird danach garantiert nie mehr in den funktionalen Analphabetismus zurückfallen. Darum sollen Kinder Bücher lesen!«

Und das ist ohne Frage richtig. Nur: Harry Potter oder Bullerbü können eben nur solche Kinder lesen, die sie beim Lesen auch verstehen. Solange sich mir beim Entziffern der Sätze Buchstabe für Buchstabe ihr Sinn, ihre Bedeutung nicht erschließt, werde ich das spannendste Buch garantiert nicht bis zum Schluss durchbuchstabieren. Bis auf wenige Ausnahmen haben fast alle, die sich seit PISA 1 für die Leseförderung engagieren – auch ich! –, diesen ersten Schritt übersehen: Bevor Kinder Bücher lesen können, müssen sie erst einmal überhaupt lesen können.

Dass wir unser Augenmerk nicht darauf gerichtet haben, ist nachvollziehbar. Die Vermittlung der Lesekompetenz im engeren Sinn ist nicht unsere, sie ist Aufgabe der Schule, Aufgabe des Staates, die ihm auch niemand abnehmen kann und sollte.

Aber wenn wir wollen, dass Menschen weiterhin Bücher lesen, müssen wir uns zunächst die Frage stellen, was denn passieren muss, damit sie dazu in der Lage sind. Was können wir alle, was können Sie als Buchhändler und was kann der Börsenverein tun, damit wirklich jedes Kind lesen lernt?

Viele Buchhandlungen sind ja bereits intensiv im Bereich Leseförderung engagiert, indem sie Lesungen, Leserallyes, Lesetage für Kitas und Schulen organisieren, dazu Infoveranstaltungen für Lehrer, und die Schulen zur Teilnahme am Vorlesewettbewerb oder am bundesweiten Vorlesetag motivieren. Aus Erfahrung weiß ich, dass Buchhandlungen oft die kreativsten, witzigsten Ideen haben, um die Lesemotivation von Kindern zu steigern. Nur: Das Lesen selbst können sie den Kindern dann eben doch nicht beibringen.

Wir müssen uns stärker einmischen

Aber wir müssen uns stärker einmischen als bisher. Gemeinsam können wir alle zur Lobby für das Lesen werden und den zuständigen Entscheidungsträgern die Relevanz, aber auch die Komplexität dieses Themas vermitteln. Politiker ertrinken in der Fülle ihrer verschiedenen Aufgaben, und daher, das wissen Sie wie ich, besteht auf allen Ebenen der Politik die Neigung, sich immer zunächst dem Thema zuzuwenden, das am dringlichsten scheint. Und das ist häufig dasjenige, für das es den größten Druck aus der Bevölkerung, die größte Präsenz in den Medien und der Öffentlichkeit generell gibt. Da rangiert das leise, im Vergleich altmodisch scheinende Thema Lesen nun leider auf einem der ganz hinteren Plätze.

Zudem fehlen uns auch die Lobbyisten in den Parlamenten. Die Automobilindustrie kann im Dieselskandal den Verlust einer gigantischen Zahl von Arbeitsplätzen an die Wand malen, wenn es zu ihrem Niedergang käme; Tausende Arbeitslose drohen beim schnelleren Ausstieg aus der Braunkohle; und der Bauernverband vermittelt, dass ohne Glyphosat mit dem Ende einer erschütternden Zahl bäuerlicher Betriebe zu rechnen ist.

Derartige Drohkulissen können wir nicht aufbauen. Denn kurzfristige Folgen hat die

Tatsache, dass ein Fünftel der Zehnjährigen in Deutschland nicht lesen kann, ja wirklich nicht. Aber mittel- und langfristig sind auch bei diesem Thema die wirtschaftlichen Konsequenzen für das Land gravierend. Jeder Cent, den wir heute am Lesen sparen, wird uns später einen Euro kosten.

Denn Lesen ist das Nadelöhr in die Gesellschaft, Lesen bleibt auch heute die Grundlage für alles Weitere. Wenn ich sehe, welche Themen zurzeit in Politik und Medien aufgeregt diskutiert werden – und zumeist ja auch durchaus zu Recht! –, dann kommt es mir ein wenig so vor, als wollten wir ein Haus bauen: Wir denken intensiv an die Umwelt und setzen Solarkollektoren aufs Dach; installieren eine Regenwasser-Rückgewinnungsanlage, dreifach verglaste Fenster, eine Erdwärmepumpe und nutzen die neuesten Möglichkeiten zur Wärmeisolierung. Wir benutzen ausschließlich umweltfreundliche Baustoffe. Wir beauftragen einen Architekten, der ein Gebäude entwirft, das darüber hinaus auch unter ästhetischen Gesichtspunkten beglückend und eine Freude für seine Umgebung ist. Kurz: Wir bauen das in jeder Hinsicht großartigste Haus von allen. Nur das Fundament haben wir leider vergessen, das langweilige, das erschien uns so selbstverständlich, und wir mussten ja so viel anderes bedenken.

▎ Wir brauchen dringend ein breites Bündnis

Wie wichtig also auch immer Themen wie etwa KI oder Digitalisierung sind: Damit auch das Fundament bei den Entscheidungträgern wieder in den Blick gerät, müssen wir die Lobbyarbeit für das Lesen endlich selbst in die Hand nehmen, und das zügig. Mit jedem Jahr, das ungenutzt verstreicht, gehen uns wieder einige Zigtausend Kinder verloren. Darum brauchen wir dringend ein breites Bündnis, und das nicht nur zwischen Börsenverein, PEN, Schriftstellerverband und Stiftung Lesen – obwohl das schon mal ein wunderbarer Anfang sein könnte.

Trotzdem bliebe Lesen dann aber immer noch ein Nischenthema, und den Druck, der notwendig wäre, um etwas zu ändern, könnte ein solches Bündnis kaum entfalten. Wäre es darum nicht sinnvoll, auch andere betroffene Akteure einzubeziehen wie etwa den Bundesverband der Kinderärzte, die seit Jahren einen Rückgang der Sprachfähigkeit bei Kindern beklagen, Wirtschaftsverbände, die unter dem Mangel an qualifizierten Auszubildenden leiden, Gewerkschaften, Kirchen – bestimmt fallen Ihnen noch sehr viel mehr ein. Da Lesen das Nadelöhr in die Gesellschaft ist, sind schließlich alle Bereiche der Gesellschaft betroffen. Und aus all diesen Bereichen sollte Unterstützung eingefordert werden.

Und was wäre dann das konkrete Ziel eines solchen Bündnisses? Es reicht ja nicht aus, an die Kultusministerkonferenz, die Bundesbildungsministerin oder den Bundestag heranzutreten mit der Forderung, sie sollten gefälligst schnellstmöglich dafür sorgen, dass endlich alle Kinder lesen können, indem sie z. B. einen nationalen Leseplan auflegen. Was genau könnte der Inhalt eines solchen Plans sein? Welches Gremium wäre wofür konkret zuständig, wer würde was finanzieren? Das Problem bei unserem Thema ist ja zum einen der Föderalismus: Bildung ist Ländersache; aber darüber hinaus liegen die Zuständigkeiten für die verschiedenen notwendigen Maßnahmen auch noch bei unterschiedlichen Ministerien. Wenn wir in der Kita anfangen und dafür Erzieherinnen und Erzieher qualifizieren wollen – der Börsenverein hat ja z. B. das Projekt Buchkindergärten gestartet –, dann fällt das in die Zuständigkeit der Sozialministerien; gehen wir in der Entwicklung der Kinder noch einen Schritt zurück und sagen: Zunächst mal muss es uns auch um die Eltern gehen!, dann wäre das Familienministerium zuständig. Und für die Schule natürlich das jeweilige Kultus- oder Bildungsministerium.

Es gibt durchaus schon Überlegungen, die der Komplexität des Problems Rechnung tragen. Warum nicht ähnlich wie beim Digitalpakt einen Lesepakt auflegen, bei dem der Bund Mittel zur Verfügung stellt, auf die die Bundesländer dann nach Absprache möglicher Maßnahmen zugreifen können. So wären die Probleme, die sich aus dem Föderalismus ergeben, umgangen. In einzelnen Bundesländern – und im Ausland sowieso! – sehen wir schon, dass ein dichtes Netz an Maßnahmen von der Geburt bis zum Ende der Sekundarstufe 1 deutliche Erfolge bringen kann. Warum also solche Ansätze nicht übernehmen, und das bundesweit?

Ich hätte hier sehr viel lieber über all das geredet, woran wir alle eigentlich immer zuerst denken, wenn wir vom Lesen sprechen. Über das Lesen von Büchern. Über das Glück und die Hilfe und den Trost, die Bücher für den Leser bedeuten können. Aber solange dieses Glück, diese Hilfe

und dieser Trost nur für höchstens vier Fünftel der Menschen in Deutschland überhaupt zu-
gänglich sind, gibt es noch Aufgaben zu lösen.
Ich wünsche mir, dass wir ein Land der Leser
werden. Und dazu müssen wir jetzt zunächst zu
einem Land werden, in dem alle lesen können.

Zum Vorlesen und Selberlesen!

Kirsten Boie
Ein Sommer in Sommerby
Ab 10 Jahren · 320 Seiten
ISBN 978-3-7891-0883-9

Martha und ihre Brüder Mats und Mikkel verbringen unge-plant die Ferien bei ihrer Oma. Die Oma wohnt allein in einem Haus auf dem Land, hat kein Telefon und erst recht kein Internet. Aber Hühner, ein Motorboot und ein Ge-wehr, mit dem sie ungebetene Gäste verjagt! Als die Idylle bedroht wird, halten die Kinder und ihre Oma zusammen und erkennen, worauf es im Leben wirklich ankommt.

Band 1 der Sommerby-Reihe.

Auch als eBook

Weitere Informationen unter: **www.oetinger.de**